1902 - Aout - 13

VENTE APRÈS DÉCÈS

Le 13 Août 1902

HOTEL DES VENTES, 64, RUE VICTOR-HUGO - LE HAVRE

A la requête de M. SAVARY, Liquidateur de la Succession

CATALOGUE

d'Ouvrages en nombre

PROVENANT DU FONDS DE

M. A. LEMALE

Maître-Imprimeur et Editeur au Havre

Ces Ouvrages seront, pour la plupart, vendus AVEC LE DROIT DE PROPRIÉTÉ ET DE REPRODUCTION, le Matériel, etc.

OUVRAGES A GRAVURES :
LE HAVRE D'AUTREFOIS — SUITE D'EAUX-FORTES POUR CE MÊME OUVRAGE. TIRAGE DE LUXE. ÉPREUVES D'ARTISTE
A TRAVERS LE HAVRE. LA NUIT. ETC.
ALMANACH DU COMMERCE ET ALMANACH DES ADRESSES DU HAVRE — ANNUAIRE DE LA MARINE DE COMMERCE
INDICATEUR DES SERVICES DES COMPAGNIES DE NAVIGATION
LIVRE DE CUBAGE — LE COMMERCE DU GLOBE
MONNAIES. POIDS. MESURES ET USAGES COMMERCIAUX DE TOUS LES PAYS DU MONDE, ETC., ETC.
OUVRAGES DIVERS PAR PETITS NOMBRES OU PAR UNITÉS
SCIENCES MÉDICALES, JURISPRUDENCE. ETC.

Me E. GUILLEMETTE, Commissaire-Priseur
Me J. GONFREVILLE, Libraire-Expert

LE HAVRE
LIBRAIRIE ARTISTIQUE
7, RUE DE LA BOURSE, 7

1902

LA VENTE AURA LIEU LE 13 AOUT 1902

à dix heures précises du matin

Hôtel des Commissaires-Priseurs, 64, rue Victor-Hugo

Par le Ministère de Me E. GUILLEMETTE, Commissaire-Priseur

Assisté de M. J. GONFREVILLE, Libraire-Expert

Exposition Publique

LE MARDI 12 AOUT, de 2 heures à 6 heures

Et le Jour de la Vente, de 9 heures à 10 heures.

CONDITIONS DE LA VENTE

La vente se fait au comptant.

Les acquéreurs paieront 5 0/0 en sus des enchères.

L'exposition publique permettant de se rendre compte de l'état des ouvrages et du matériel, aucune réclamation ne sera admise une fois l'adjudication prononcée.

Pour les ouvrages du fonds LEMALE, les nombres sont indiqués aussi soigneusement que possible.

L'expert chargé de la vente se réserve la faculté de vendre par unités, par nombres ou en totalité, au mieux des intérêts de la vente.

Le matériel se vend tel quel, dans l'état où il se trouve.

La Vente commencera par les Ouvrages divers

M. J. GONFREVILLE

se tient à la disposition des personnes qui désirent des renseignements et remplira les commissions qu'on voudra bien lui confier

Fonds A. LEMALE

1. LE HAVRE D'AUTREFOIS, reproduction d'anciens tableaux, dessins, gravures, etc., se rattachant à l'histoire de la Ville du Havre. *Le Havre, Lemâle,* 1 vol. grand in-4° jésus, contenant 65 gravures hors texte et 71 gravures dans le texte.

I. **1 Exemplaire** papier vélin du Marais, relié toile rouge, fers spéciaux, tranches dorées.

Nota. — Avec cet exemplaire, nous vendrons le droit de propriété et de reproduction, ainsi que les cuivres, pierres lithographiques et clichés dont le détail suit :

69 **Pierres** pour les 6 planches lithographiques en couleurs, lot complet (hors texte).

54 **Planches** de cuivre (sur 56) pour les eaux-fortes, taille douce, etc.
Les deux planches de cuivre qui manquent portent les signatures 24 (*Passage du Roy au Havre*), et 60 (*Vue du Havre de Grâce*), hors texte.

2 **Bois**, signature 36 (*Bombardement du Havre*), et 47 (*Moulin du Perrey*), hors texte, lot complet.

1 **Planche** de cuivre n'ayant pas servi (*Bombardement du Havre*), hors texte.

80 **Clichés zincs et galvanos** montés pour les illustrations dans le texte, lot complet.

28 **Clichés** pour les ornements, têtes de chapitres, lettres de départ, etc., lot complet.

6 **Fers** pour la reliure, lot complet.

2. LE HAVRE D'AUTREFOIS. Exemplaires de luxe.

I. **1 Exemplaire** (de chapelle), papier impérial du Japon *planches avant la lettre*, relié veau lisse, compart de filets à la Dusseuil, dent. intér. tranches dorées, dos orné, étui (Canape).

II. **Six exemplaires** papier vélin teinté anglais, planches sur vergé de Hollande, avant la lettre, reliés maroq. du Levant, tête dor. non rognés, large dent. intér., double garde, fers spéciaux avec armoiries sur les plats, dos orné de Salamandres.

1 ex. relié rouge.
1 » » vert.
2 » » grenat.
2 » » Lavallière.

III. 1 **Exemplaire** même papier, planches sur parchemin, avant la lettre, maroq. rouge, tête dor., non rog., plats ornés de petits fers, compart. de fil. dor. à la Dusseuil, large dent. intér., dos orné, double garde.

IV. 2 **Exemplaires** même papier, planches sur parchemin, avant la lettre, en feuilles, assemblés et pliés.

V. 39 **Exemplaires** même papier, planches sur vergé de Hollande, avant la lettre, en feuilles, assemblés et pliés.

VI. 1 **Lot** de défets, *texte et gravures*, prospectus, modèles de reliures, etc.

3. SUITE DES EAUX-FORTES DU HAVRE D'AUTREFOIS. Album contenant 20 planches (40 épreuves), gravées à l'eau-forte par MM. Jules Adeline, Brunet-Debaisne, L. Flameng, Habert-Dys, A. Lalauze, etc., tirées à 50 exempl. seulement, en double état et avant la lettre, épreuves d'artiste avec remarque et signature, épreuves de second état avec remarque seulement, réunies dans un carton.

28 exemplaires.

4. A TRAVERS LE HAVRE. Effets du soir et de nuit. 12 eaux-fortes de Gaston Prunier. Texte par Ch. Le Goffic et D. de Venancourt. *Le Havre, Lemâle, 1892*, in-4° jésus, couv. aquarelle.

I. **Exemplaires** de luxe en grand papier du Japon.

Texte : 21 exempl. en feuilles, pliés et assemblés, couv. aquar. papier.

Eaux-fortes. 22 collections des 12 planches en triple état (Hollande, Whatman, Japon).

II. **Exemplaires** en papier vélin, 8 exempl. pliés et assemblés, contenant les 12 planches.

Texte : 17 exempl. en feuilles, pliés et assemblés ; 330 exempl. en feuilles non pliés ni assemblés.

Eaux-Fortes : 52 collections des 12 planches.

III. 1 **Lot** important de défets, environ 100 couv. aquar. papier, un lot de cartons pour la reliure, prospectus et 6 clichés zinc pour le tirage de la couverture.

IV. **Le droit de Propriété et de Reprodnction.**

5. HISTOIRE POPULAIRE DE LA VILLE DU HAVRE, par T. Garsault, inspecteur primaire. Avec un grand nombre de plans et vignettes dans le texte. *Le Havre Lemâle*, vol. in-12.

I. **Environ** 750 exempl. papier fort en feuilles, dont 150 environ pliés et assemblés.

II. **Environ** 2.000 exemplaires édition des écoles en feuilles, dont près de 100 exempl. pliés et assemblés.

6. MORCEAUX CHOISIS DES ÉCRIVAINS HAVRAIS, avec introduction, notices bibliographiques, notes explicatives et index des noms propres par Ch. Le Goffic. Préface de M. Edg. Zévort. Ouvrage illustré de 77 fig. dans le texte. *Le Havre Lemâle*. Vol. in-16 et in-8.

I. 12 **Exemplaires** papier impérial du Japon, in-8, brochés, couv. imp.

II. **Environ** 1.800 exemplaires papier fort, in-8, en feuilles, dont 60 pliés et assemblés et 5 reliés toiles.

III. **Environ** 925 exempl. in-16, édition des écoles, cartonnés toile.

IV. **Environ** 300 exempl. in-16, édition des écoles, en feuilles.

V. **Environ** 900 emboitages toile pour les volumes in-16, plus 2.500 frontispices en couleurs (armes de la Ville du Havre), et 4 pierres lithographiques pour le tirage de ce frontispice.

7. ALMANACH ILLUSTRÉ DU « COURRIER DU HAVRE ». Brochure in-4°.

I. **Collection** complète des années 1886 à 1897, pointée pour le repérage des illustrations, brochée.

II. **Autre Collection** des années 1887 à 1897, brochées (2 exempl.)

III. **Environ** 300 exempl. d'années dépareillées.

8. UN LOT d'environ 450 clichés zincs, galvanos, etc., ayant servi indistinctement pour les ouvrages précédents ; *Histoire populaire de la Ville du Havre ; Morceaux choisis des Écrivains Havrais ; Almanach illustré du « Courrier du Havre »*.

9. LE CENTENAIRE DE CASIMIR DELAVIGNE (1793-1893). Edition illustrée comprenant : Vie de C. Delavigne, d'après des documents originaux, par Ch. Le

Goffic, pièces rares, documents nouveaux, fac-simile d'autographe. 23 compositions inédites de la jeunesse de C. Delavigne, avec une introduction et les notes. *Le Havre, Lemâle*. Brochure in-4°.

I. 38 **Exemplaires** brochés, couv. impr.

28 **Exemplaires** en feuilles, pliés et assemblés.

1 **Lot** défets et couvertures.

II. **Le droit de Propriété et de Reproduction** ainsi qu'un petit nombre de clichés, zincs et galvanos, pour les illustrations.

10. LIVRE DE L'INSTITUTION DE LA FEMME CHRESTIENNE, tant en sa enfance, que mariage et viduité, aussi de l'office du mary, par Jehean-Louis Vivès. Trad. de Pierre de Changy, avec préface et glossaire par A. Delboulle. *Le Havre, Lemâle*, 1891. Vol. petit in-8 de 392 pages, tiré à 475 ex. seulement et numérotés.

I. 19 **Exemplaires** papier impérial du Japon, brochés, couv. parchemin.

24 **Exemplaires** papier wathman, brochés, couv. parchemin.

82 **Exemplaires** papier de Rives à la forme, brochés, couv. parchemin.

Environ 22 ex. en feuilles.

1 **Fort lot** défets, couvertures et prospectus.

II. **Le droit de Propriété et de Reproduction**.

11. ANACRÉON ET LES POËMES ANACRÉONTIQUES. Texte grec avec les traductions et imitations des poëtes du XVIe siècle, par A. Delboulle. *Le Havre, Lemâle*, 1891. Vol. petit in-8 de 182 pages, tiré à 975 ex. numérotés.

I. 8 **Exemplaires** papier impérial du Japon, brochés, couv. parchemin.

28 **Exemplaires** papier wathman, brochés, couv. parchemin.

88 **Exemplaires** papier de Rives, à la forme, brochés, couv. parchemin.

Environ 700 exempl. papier de Rives, à la forme, en feuilles, avec les couv. impr.

1 **Lot** défets, prospectus, couvertures.

II. **Le droit propriété et de reproduction**.

12. MAUD. Poëmes d'Alfred Tennyson, préface et traduction par Henri Fauvel. *Le Havre, Lemâle*, 1892. Vol. in-12, de XI et 96 pages.

160 **Exemplaires** environ brochés, couv.

300 **Exemplaires** environ, en feuilles.

1 **Lot** défets et couvertures.

13. CASIMIR DELAVIGNE. Etude biographique et littéraire, par Ferd. Vuacheux. Ouvrage couronné par la Société havraise d'Etudes diverses aux fêtes du centenaire du Poëte, le 4 avril 1893. *Le Havre, Lemâle*, 1893. Volume in-8 de 340 pages.

I. 10 **Exemplaires** papier du Japon, brochés, couv. parchemin.

10 **Exemplaires** papier ordinaire, brochés, couv. impr.

200 **Exemplaires** papier ordinaire, en feuilles.

1 **Lot** défets et couv.

II. **Le droit de propriété et de reproduction.**

Nota. — Nous appelons spécialement l'attention de MM. les Editeurs et Imprimeurs sur les ouvrages qui suivent et les engageons à lire attentivement le *Catalogue des pubications commerciales joint au nôtre.*

---

14. ANNUAIRE DE LA MARINE DU COMMERCE. Guide du commerce d'importation et d'exportation, paraissant chaque année depuis 1884. *Le Havre, Lemâle*. Gros vol. in-4.

I. **Quatre collections complètes** de 1884 à 1898, reliure toile spéciale de l'éditeur.

60 exemplaires de l'année 1899 (*la dernière parue*), cousus et prêts pour la reliure.

150 emboitages toile environ, pour la reliure.

II. **Le droit de Propriété et de Reproduction**, ainsi que 31 pierres lithographiques pour les 20 plans existant dans l'ouvrage.

15. INDICATEUR DES SERVICES DES COMPAGNIES DE NAVIGATION. Supplément hebdomadaire de l'Annuaire de la Marine de Commerce française. Tirage

annuel : 100,000 exemplaires *(voir ci-dessus)*. In-4, de 102 pages, couv. illustrée.

I. **150 exempl. environ,** brochés. couv.. plus un lot de défets.

II. **Le droit de Propriété et de Reproduction.** avec le matériel comprenant **600 kilog.** environ de caractères mobiles. pages composées et prêtes pour la correction et l'impression.

16. ALMANACH DU COMMERCE DU HAVRE ET ALMANACH DES ADRESSES DE LA VILLE DU HAVRE (Ce dernier extrait de l'Almanach du Commerce, contient le calendrier et les heures de marée, des renseignements généraux, le personnel des administrations, les adresses de la ville, etc.)

Chacun de ces ouvrages forme un vol. in-8 et est accompagné d'un plan de la ville.

I. **2 Collections complètes** de l'origine de 1826 à 1901, reliées toile.

II. **Matériel spécial d'impression** pesant environ **4.000 kilog**. et comprenant :

1.700 kilog. environ de caractères mobiles (œil de lettre spécial). distribués dans 56 paires de casses ;

15 chassis carrés en fer. pesant environ 125 kilog.

62 feuilles de 16 pages composées en caractères mobiles, prêtes pour la correction et l'impression.

30 kilog. environ de caractères (en 11 paquets) : initiales grasses. signes divers. bordures en cuivre. etc.

III. **Le droit de Propriété et de Reproduction** ainsi que des références. des renseignements commerciaux. prix de revient. bénéfices. etc.

17. LE COMMERCE DU GLOBE. Comptes de revient des marchandises échangées entre les principaux marchés du monde, par H.-L. Muller, ancien négociant, ouvrage publié sous les auspices de la Chambre de Commerce du Havre, 2me édition entièrement refondue (1865-72).

I. **Edition Française complète.** 2 gros volumes in-4 de 1.200 pages.

15 exempl. du tome I. pliés et assemblés. plus 11 emboitages toile.

15 exempl. du tome II, brochés.

20 exempl. du tome II. pliés et assemblés. plus 14 emboitages toile.

Edition Anglaise, comprenant les comptes de revient des marchandises échangées entre La Plata, les Indes Orientales, le Brésil, les Iles de la Sonde et l'Angleterre ; 1 volume in-4 de 546 pages. 29 exempl. cousus, non reliés.

Les comptes et les notices qui composent les deux éditions précédentes ont été groupés suivant les régions ou les zones auxquelles ils s'appliquent et forment neuf parties différentes, qui se vendent séparément savoir :

Zone de La Plata, comprenant les comptes de revient en France et en Angleterre des produits exportés de Buenos-Ayres, Monte-Video et Rio-Grande ; 1 volume de 157 comptes ou pages. 96 exempl. reliés toile.

Zone des Indes Orientales, comprenant les comptes de revient en France et en Angleterre des produits exportés de Calcutta, Bombay, Tellichery, Kuraachee, Pondichéry, Madras, Rangoon, Colombo, Tuticorin, Akyab ; 1 volume de 364 comptes ou pages, 27 exempl. reliés toile.

Zone du Brésil, comprenant les comptes de revient en France et en Angleterre des produits exportés de Rio-Janeiro, Bahia, Pernambuco, Para, Maragnan, Santos, Ceara, Parahyba, Maroim ; 1 volume de 176 comptes ou pages. 38 exempl. reliés toile et 8 exempl. cousus.

Zone des Iles de la Sonde et de l'Océanie, comprenant les comptes de revient en France et en Angleterre des produits exportés de Singapore, Pinang, Batavia, Padang, Samarang ; 1 volume de 198 comptes ou pages. 9 exempl. reliés toile et 40 exempl. cousus.

Zone de la Méditerranée et de la Mer Noire, comprenant les comptes de revient en France des produits exportés de Jaffa, Beyrouth, Alep, Adana, Mersina, Tripoli, Smyrne, Salonique, Rhodes, Corfou, Céphalonie ou Zante, Malte, Alexandrie, Le Caire, Tunis, Galatz, Odessa, Kherson ou Cherson, Marioupol, Taganrog, Berdiansk, Sénégal (Saint-Louis), Gorée, Oran, Santander, Maliano, Camillas, Carthagène, Barcelone, San-Carlos de la Rapita, Cadix, Samsoun, Amasia, Damas, Trébizonde, Nouka, Erzeroum, Retcht, Mogador, Casablanca, Raba et Salé, Larache, Mazagran, Tanger, Constantinople, Mohalitch, Varna, Brousse ; 1 volume de 306 comptes ou pages. 8 exempl. pliés et assemblés.

Zone des Côtes du Pacifique, comprenant les comptes de revient en France des produits exportés de Valparaiso, Arequipa, Payta, San-Francisco, Honolulu, San-Salvador, Guatemala, Punta-Arenas, Manille ; 1 volume de 76 comptes ou pages. 50 exempl. reliés toile.

Zone de l'Amérique du Nord et du Golfe du Mexique, comprenant les comptes de revient en France des produits exportés de New-York, Baltimore, Charleston, Savannah, Mobile, New-Orleans, Galveston, New-Bedfort, Philadelphie, Rio-Hacha, Matamoras, Tampico, Vera-Cruz, Tabasco, Campêche, Acapulco, Carmen, Colima-Manzanillo, Mazatlan, Port-d'Espagne, Carthagène, Puerto-Cabello, Sainte-Marthe, Maracaïbo, Ciudad-Bolivar, etc. ; 1 volume de 174 comptes ou pages. 48 exempl. reliés toile.

Zone des Indes Occidentales, comprenant les comptes de revient en France des produits exportés de Port-au-Prince, Cap-Haïtien, la Havane, Matanzas, Cienfuegos, Santiago de Cuba, Ponce, Guyana, Saint-Jean-de-Porto-Rico, Mayagüez, la Martinique, la Guadeloupe, Les Cayes, Jacmel, Port-de-Paix, Cap-Vert, Sainte-Croix-de-Ténériffe, Jamaïque, Porto-Praya, Mayo, Boa-Vista ; 1 volume de 95 comptes ou pages, 19 exempl. reliés toile et 30 exempl. assemblés.

Zone de Siam, Cochinchine, Chine et Japon, comprenant les comptes de revient en France des produits exportés de Bangkok, Saïgon, Macao, Canton, Hong-Kong, Amoy, Ning-Po, Shanghaï Nangasaki, Yokohama, Foochow ; 1 volume de 74 comptes ou pages, 9 exempl. reliés toile et 20 exempl. asssemblés.

Zone of the East Indies (50 ruppies), 20 exempl. reliés toile.

II. 1 lot défets et emboitages divers.

18. MONNAIES, POIDS, MESURES ET USAGES COMMERCIAUX de tous les pays du monde, 2e édition entièrement refondue. *Paris, Hachette, le Havre, A. Lemâle* 1875. Vol. in-8 de près de 400 pages.

I. 6 exempl. reliés toile.

1 exempl. broché.

1 exempl. demi-rel. interfolié.

II. **Le droit de propriété et de reproduction.**

19. NOUVEAU LIVRE DE CUBAGE OU TABLES METRIQUES de deux en deux centimètres indiquant en mètres cubes l'encombrement à bord des navires des caisses et des futailles de toute dimension, suivies des tables de conversion en tonneau français et anglais ou américain. Ouvrage calculé sur les bases, etc. 5e édition revue et corigée avec le plus grand soin. *Le Havre, Lemâle*. Vol. in-4 long et étroit, répertoire découpé et à onglets.

I. 18 exempl. reliés toile, répertoire renforcé.

10 exempl. cart. mais non recouverts et répertoire non découpé.

Environ 750 exempl. assemblés et pliés, répertoire non découpé.

271 cart. toile pour emboitages.

II. **Matériel** contenu dans 5 caisses, pesant environ 210 kilog. et composé de 242 clichés plomb pour l'ouvrage complet.

1 petit appareil pour imprimer le répertoire découpé.

III. **Le droit de Propriété et de Reproduction.**

*20. LIVRE DES FRETS ou tables pour le calcul des frets stipulés en monnaies, mesures et poids anglais. Ouvrage divisé en trois parties, avec explication en français, en anglais et en allemand, par Mathieu Anthonis. *Havre, Lemâle* 1860. Vol. in-4 de 183 pages.

I. 28 exempl. cartonnés, dos toile.

II. **Le droit de Propriété et de Reproduction.**

21. BARÈME DU CREUX DES FUTAILLES Tableaux indiquant l'importance en litres du creux existant dans les tonneaux de 10 litres à 35 litres, avec comparaison servant à évaluer les creux sur les tonneaux de différentes dimensions, ouvrage utile aux marchands de liquides en gros et en détail, aux employés des douanes, des contributions indirectes et des octrois. 3e édition, *Havre, Lemâle*. Brochure in-8 de 26 pages.

I. **Environ 850** exempl. brochés.

II. **Le droit de Propriété et de Reproduction.**

22. BARÈME D'ESCOMPTE à 2 1/2 o/o des différences en perte et en bénéfice sur affaires en cafés à terme aux conditions de la Caisse de Liquidation. De 0.25 à 10 francs et de 1 à 360 jours, par S. Ruffin. *Havre, Lemâle*, 1892. Volume in-4, oblong. de 28 pages.

I. 40 exempl. environ reliés toile.

300 exempl. environ en feuilles.

25 emboitages.

23. FRENCH PORT CHARGES. Dunkirk, Calais, Boulogne, Dieppe, Havre, Rouen, Honfleur, St-Nazaire, Nantes, La Rochelle, La Pallice, Bordeaux, Cette, Marseille, Algiers, Tunis, La Goulette. Compiled by Gust. Buchard and translated by J. Soulsby Rowell, H. B. M. vice-consul H. B. M., Lloyd's agent, etc. *Paris Challamel* 1899. Volume in-8 de plus de 300 pages.

Environ 600 exempl. en feuilles. sans couv. impr.

24. CLICHÉS MONTÉS DIVERS.

I. **Environ 40** kilog. de clichés nickelés, en double jeu, pour les ouvrages ci-après :
Cartas de A. B. C.
Principios de arithmetica.

II. **Environ 40** kilog. de clichés galvano, pour *Cartilha da doctrina christa.*

III. **Environ 150** kilog. de clichés : Portraits, tableaux, monuments, paysages, vignettes, ustensiles, armoiries, etc., ayant servi à diverses publications, documents commerciaux et maritimes, réclames, etc. On y a joint le vol. de références.

25. LES PLAGES NORMANDES. Le Havre et Sainte-Adresse. Le Mont Saint-Michel. Publications genre « Panorama », en fasc. in-4 oblong., légendes au bas des illustrations.

Nous vendons les clichés seuls, zincs montés sur bois.

I. **Le Havre,** 64 clichés, lot complet.

II. **Sainte-Adresse**, 16 clichés, lot complet.

III. **Le Mont Saint-Michel,** 64 clichés, lot complet.

IV. **Le droit de Propriété et de Reproduction.**

On a joint 1 exempl. de chacune des parties de l'ouvrage.

OUVRAGES DIVERS & EN NOMBRE

Pour la plupart imprimés par la Maison A. LEMALE & Cie

1. ALBUM contenant plusieurs centaines de dessins originaux et de gravures : aquarelles de Wissant, Galetti, etc. — Dessin à la mine de plomb par Ch. Lhuillier, Ch. Boilly fils, etc. — Joli dessin représentant Napoléon Ier. — Gravure représentant un Steam-Coach (automobile), built at Birmingham, 1833. — Costumes coloriés, vues du Havre et de la Normandie, etc.

2. ALBUM contenant plusieurs centaines de gravures : vues, portraits, scènes, etc.

3. AMPHOUX (Henri), Michel de l'Hopital et la liberté de conscience au XVIe siècle (2 exempl.). — Essai sur l'histoire du protestantisme au Havre et dans ses environs (1 *exempl.*). *Paris, Le Havre*, 1894-1900. En tout 3 vol. in-8 brochés.

4. ANNALES de l'observatoire météorologique du Mont-Blanc, publiées sous la direction de J. Vallot. *Paris, Steinheil 1896-1900*, 6 vol. in-4° brochés. *Gravures*

Tome II. 1896 (1 exempl.). — Tome III. 1898 (2 exempl.) — Tome IV. 1900 (2 exempl.)

5. BERTHELOT. Collection des anciens Alchimistes grecs, publiée sous les auspices du ministère de l'Instruction publique, par M. Berthelot, avec la collabora-

tion de Ch.-Em. Ruelle. *Paris, Steinheil, 1883.* En 4 vol. in-4°, brochés, couv. (le tome I en feuilles, sans couv.).

Tome I. Introduction avec pl. fig. en photogr. Tables et Index. — Tome II. Texte grec, avec variantes, notes et Index. — Tome III. Traduction avec notes, commentaires, tables et Index. — Tome IV. Tables et Index.

5 *bis*. LE MÊME. Tome II, en feuilles, sans couv. — Tome III (2 exempl.), l'un broché, couv., l'autre en feuilles. — Tome IV, broché, couv. Soit 4 vol. in-4°.

6. BERTHELOT. Introduction à l'étude de la Chimie des anciens et du moyen-âge. Avec planches, figures en photogr. d'après les manuscrits, tables et index. *Paris, Steinheil, 1889.* In-8, broché, non coupé (*2 exemplaires*).

7. BIBLIOTHÈQUE GRECQUE VULGAIRE. *Paris, Welter, 1892-96.* En vol. In-8, brochés. *Papier de Hollande.*

3 exempl. du tome VI : Les exploits de Basile Digenis Acritas, épopée byzantine, par Em. Legrand.

4 exempl. du tome VII : Recueil de documents grecs concernant les relations du Patriarcat de Jérusalem, etc., par Em. Legrand.

1 exempl. du tome VIII : Recueil de fables Esopiques, mises en vers par Georges L'Etolien, publiées par Em. Legrand.

8. BLANADET (Marcelin). Bibliographie de J. Morlent. *Paris, Le Havre, 1893.* In-8, broché, non rog., couv. *Portrait à l'eau forte.*

9. BLOY (Léon). Le révélateur du Globe. Christophe Colomb et sa béatification future. Préface par J. Barbey d'Aurevilly. *Paris, Sauton, 1884.* In-8, broché, non rogné, couv.

10. BULLETIN DE LA SOCIÉTÉ DES ANTIQUAIRES DE NORMANDIE. Tome XVIII, années 1896, 97, 98. *Caen, Paris, 1898.* En un vol. in-8, broché. Vignettes.

11. CATALOGUE DE LA BIBLIOTHÈQUE DE LA VILLE DU HAVRE. *Le Havre*, 1886. 2 vol. in-8, brochés. *Dernière édition publiée.*

12. CHÉRUEL (A.). Histoire de France pendant la minorité de Louis XIV. *Paris, Hachette*, 1879. En 4 vol. in-8, brochés, non coupés.

13. COURCELLE-SENEUIL (J.-B.). Traité théorique et pratique d'économie politique. *Paris, Guillaumin*, 1858. 2 vol. in-8, brochés (3 exemplaires).

14. DESSINS ORIGINAUX DE JULES ADELINE.

1° 3 aquarelles, projets pour la reliure de la *Normandie monumentale*, motif central du 1er plat, médaillon du centre du 2e plat, partie du dos.

2° Très jolie aquarelle, projet d'illustration pour l'*Eau des Jacobins des frères Gascard.*

3° Aquarelle pour les billets de Loterie de la *Société d'aide et de protection aux colons* (du Havre).

4° Aquarelle (trompe-l'œil), projets de réclames pour le 2e plat de l'*Indicateur des services de navigation.*

15. DESSINS ORIGINAUX, par A. Guislain LEMALE. Lot de 97 jolis aquarelles et dessins originaux : vues, scènes, paysages, etc., signés ou datés de 1850-60. (Quelques vues normandes.)

16. DESSINS ORIGINAUX. 1° Grande aquarelle de GASTON PRUNIER, pour la couverture de l'ouvrage *Le Havre la Nuit.* On y a joint deux épreuves d'essai. 2° Aquarelle par H. FAUVEL, pour la couverture de l'ouvrage *Les Plages Normandes.* On y a joint deux épreuves d'essai. 3° Grande aquarelle représentant les Armes (royales) du Brésil, laurées et couronnées.

17. LOT DE DESSINS ORIGINAUX (4 pièces de Gaston Prunier), fumés des illustrations parues dans l'*Almanach du Courrier*, épreuves d'essai, vues, etc.

18. EICHTAL (Eug. d') et Théod. REINACH. Poëmes choisis de Bacchylide, traduits en vers. *Paris, Leroux, 1898*. In-4°, broché, non-coupé. (*4 exemplaires*). Figures.

19. FÉLIX FAURE (ancien Président de la République). Le Havre en 1878. *Havre, Lemâle, 1878*. In-8, dos chagrin rouge. *Cartes et photogr.*

20. GOUZIEN (Dr Paul). Manuel franco-tonkinois de conversation, spécialement à l'usage du médecin, etc. (*2 exemplaires*). — L'intonation et la prononciation annamites, étude servant d'introd. (au précédent), (*5 exempl.*) *Paris, Challamel, 1897*. In-8°, broché.

21. GUILLAUME (P.). Machines auxiliaires en usage sur les bâtiments de la flotte. *Paris, Challamel, 1887-96*. En 3 vol. in-8°, brochés.

TEXTE SEUL des Tome I (5 exempl.), Tome II (3 exempl.), Tome III (5 exempl.).

22. GUIZOT. Histoire parlementaire de France. *Paris, M. Lévy, 1863-64*. En 5 vol. in-8°, brochés.

23. LE HAVRE D'AUJOURD'HUI, photographies préparées pour un ouvrage en projet. 9 pièces.

24. JOURNAL OFFICIEL DE LA RÉPUBLIQUE FRANÇAISE. De l'année 1878 à Janvier 1899. Ces 21 années en vol. brochés, avec les tables.

Manque le mois de Janvier 1885.

25. LAROUSSE. Grand Dictionnaire du XIXe siècle. *Paris, Larousse*. En 17 vol. in-4°, demi-reliure.

Exempl. de travail complet des suppléments, reliure un peu fatiguée.

26. LEGRAND (Emile). Dossier Rhodocanakis. Étude critique de bibliographie et d'histoire littéraire (*1 ex.*).

— Lettres de l'empereur Manuel Paléologue (2 *ex.*). *Paris, Welter, 1893-95.* 3 vol. in-8, brochés. *Papier de Hollande.*

27. LEGRAND (Em.). Description des Iles de l'archipel, par Chr. Buondelmonti, etc. *Paris, Leroux, 1897.* In-8, broché. *52 cartes.*

2 exempl. de la 1re partie. Publication de l'école des langues orientales vivantes.

28. LEMONNIER-DELAFOSSE. Seconde campagne de Saint-Domingue, du 1er décem. 1803 au 15 juill. 1809, précédée de souvenirs historiques de la 1re campagne, 1801-1803. *Havre, Brindeau, 1846.* In-8, demi-rel. *Cartes,* papier fort.

29. LORRAIN (Jean). Le sang des Dieux, avec 1 dessin d'après Gustave Moreau. *Paris, Lemerre, 1882. Edit. originale.*

30. LORRAIN (Jean). La forêt bleue, avec un dessin d'après Sandro Botticelli. *Paris, Lemerre,* 1883. In-12 broché, non rog., couv. *Edition originale.*

31. LOT DE 5 VOLUMES BROCHÉS. Ch. Nauroy. Bibliographie des plaquettes romantiques. *Paris, Charavay,* 1882. In-12. — E. Pornain. Termes nautiques (Sea terms) anglais-français. *Paris, Challamel,* 1890. In-12. — Dr Th. Pideret. La mimique et la physiognomonie, trad. par A. Girot. Avec 95 grav. *Paris, Alcan,* 1888. In-8. — A. Rigaud. Traité pratique de la culture du Café dans la région centrale de Madagascar. *Paris, Challamel,* 1896. In-8. — H. Morison. Le four électrique. *Paris, Steinheil,* 1897. In-8.

32. MACEIO-CHAT NOIR. Souvenir du voyage de retour du paquebot *Ville-de-Maceio*, départ de Libreville le 7 Mars 1894, arrivée à Pauillac le 31 Mars 1894. Dessins de M. Fonssagrive, capitaine d'Infanterie de Marine,

paroles de MM. Guynet, de Fontenilliat et Lestonnat. *Le Havre,* 1894. In-4, broché, couv. Nombreuses et curieuses silhouettes en noir. (*60 exemplaires*).

33. MONITEUR. Réimpression de l'ancien Moniteur, seule histoire authentique et inaltérée de la Révolution française, 1789-1799. *Paris, Plon,* 1857. En 32 vol. in-4, brochés.

34. NELL IN BRIDWELL (Lenchen im zuchthause). Description of the system of corporal punishment (*Flagellation*) in the female prisons of south Germany, etc. From of W. Reinhard, englished by Costello and Allinson. *Paris, British Bibliophiles,* 1900. in-8, broché.

35. NORMANDIE (LA) MONUMENTALE ET PITTORESQUE. Edifices publics, églises, châteaux, manoirs, etc. Héliogravures de Dujardin d'après les photograph. de E. Letellier. Texte par J. Adeline, de Beaurepaire, Brianchon, Le Goffic, Abbé J. Loth, Abbé Sauvage, Derguy, Dumont, Abbé Tougard, Dr Coutan, etc., etc. *Havre, A. Lemale,* 1893-99. Les cinq départements reliés en 10 vol. in-folio dans la reliure pleine de l'éditeur, cuir estampé et en relief (dont le dessin est de J. Adeline et la sculpture de Fergus Bailliard), tr. dor., étui en toile pour chaque vol.

Superbe exemplaire enfermé dans un casier spécial (bois blanc noirci).

36. RECUEIL DES RÈGLEMENTS MUNICIPAUX DE LA VILLE DU HAVRE. Cahiers des charges et traités concernant les principaux services municipaux. *Havre, Lemâle,* 1891. Vol. gr. in-8 de LXXII et 626 pages, br., couv. (*Environ 50 exemplaires*).

37. RÈGLEMENT ET TARIF DU PESAGE ET DU MESURAGE PUBLICS. Arrêté de M. le Maire du 6 Août 1891. Brochure in-8 de 8 pages. (*Environ* 80 *exemplaires*).

Arrêté toujours en vigueur.

38. ROESSLER (Ch.). Étude sur l'abbé Cochet, *Paris, Rouveyre*, 1886. In-12 de 68 p., broché.

310 exemplaires.

39. SAINT-SIMON. Mémoires complets et authentiques du duc de Saint-Simon, sur le siècle de Louis XIV et la Régence..., par Chéruel, notice par Ste-Beuve. *Paris, Hachette*. En 13 vol. in-12, brochés. *Ouvrage complet*.

40. SARAIVA (F.-R. dos Santos). Novissimo Diccionario Latino-Portuguez. *Paris, Rio, Lisboa*. Gros vol. gr. in-8.

1 exempl. relié dos et coins chagrin, tr. jasp.
2 exempl. brochés.

41. TRIBOUILLET (Lieutenant). Précis historique du Havre militaire. *Havre, Lemâle, 1900*. Vol. in-8 de 300 p. *Cartes et plans*. Tous les exempl. br., non rog., couv., tirés à 375 ex. et numérotés à la presse.

I. 2 exemp. Japon nos 4 et 5 (tirés à 5 ex. sur ce papier).
II. 5 exempl. sur papier à la forme (tirés à 10 ex. sur ce papier).
III. 1 exempl. sur papier du marais.
IV. 17 exempl. sur papier vélin glacé.
V. 4 clichés zinc. fac-simile d'autographes des généraux de la Révolution.

42. VALDEZ (J. Fern.). Novissimo Diccionario Francez-Portuguez e Portuguez-Francez. *Paris, Rio, Lisboa*. En 2 gros vol. gr. in-8.

1 exempl. Francez-Portuguez. relié dos et coins de chagrin. tr. jasp.
2 exempl. Francez-Portuguez. brochés.
4 exempl. Portugais-Français, brochés.

43. VESQUE (Ch.). Les Havrais oubliés, 1800 à 1890. *Havre 1894*. Brochures in-8.

I. — 50 ex. de la 1re série, (brochure de 52 p.).
II. — 5 ex. de la 2e série, (brochure de 14 p.).

44. WALDECK-ROUSSEAU. Discours parlementaires, publiés par C. Lecouflet. *Paris, Charpentier*, 1889. In-8, broché, non coupé. (*2 exemplaires*).

45. WALLON (H.). Histoire du Tribunal révolutionnaire de Paris, avec le journal de ses actes. *Paris, Hachette*, 1880-82. En 6 vol. in-8, brochés (2 vol. dos cassé).

46. WITCOMB (H.) et Ed. TIRET. Dictionnaire des termes de marine français-anglais et anglais-français. 1er vol. français-anglais. *Paris, Challamel*, 1883. In-8, broché.

47. ZOLLA (D.). Etudes d'économie rurale. *Paris, Masson*, 1896. In-8, broché (*2 exemplaires*).

MÉDECINE & CHIRURGIE

48. ANNALES DE DERMATOLOGIE ET DE SYPHILIGRAPHIE. Années 1892 à 1901 (Septembre). *Paris, Masson*, 1892-1901. En numéros mensuels.

Les années 1896. 97. 98. sont en double exempl.
On a joint un grand nombre de numéros des années 1891 à 1901.

49. ANNALES DE GYNÉCOLOGIE ET D'OBSTÉTRIQUE. Années 1887 à 1900. *Paris, Steinheil*, 1887-1900. Années en numéros et en vol. brochés par semestres.

Les années 1889. 90. 91. 94. 95. 96. 99. 1900 sont en double.
On a joint un grand nombre de numéros mensuels et de semestres brochés des années 1885 à 1901.

50. ARCHIVES INTERNATIONALES DE LARYNGOLOGIE, DE RHINOLOGIE ET D'OTOLOGIE. Années 1892 et 1893 (en double exemplaire). *Paris, Steinheil.* En numéros brochés.

On a joint un bon nombre de numéros dépareillés des années 1892 et 93.

51. ARCHIVES D'OPHTALMOLOGIE. Années 1888 à 1891, 1895, 1896, 1898 à 1900. *Paris, Steinheil.* En numéros et en vol. brochés.

Les années 1889, 90, 91, 1900 sont en double exempl. Les années 1895 et 1896 sont en quadruple exempl.
On a joint un grand nombre de numéros dépareillés des années 1888 à 1901.

52. BULLETINS DE LA SOCIÉTÉ ANATOMIQUE DE PARIS. Années 1887 à 1895. *Paris, Steinheil.* Ces 9 années en vol. ou numéros brochés.

On a joint 12 vol. (12 années) de 1888 à 1894.

53. BULLETIN DE LA SOCIÉTÉ FRANÇAISE DE DERMATOLOGIE ET DE SYPHILIGRAPHIE. Années 1894 à 1900. *Paris, Masson*, 1894-1900. En numéros mensuels.

Nous vendons :
2 exempl. de l'année 1895.
3 exempl. des années 1894, 96, 97, 98.
4 exempl. des années 1899 et 1900.
On a joint un bon nombre de numéros des années 1891 à 1901.

54. CONGRÈS pour l'étude de la Tuberculose chez l'homme et chez les animaux. 4e session, 1898, *Paris, Masson*, 1898. Gros vol in-8, broché.

55. COUVELAIRE (Dr A.). Etudes anatomiques sur les grossesses tubaires. *Paris, Steinheil*, 1901. Gr. in-8, broché, non coupé. Planches. *(3 exemplaires).*

56. EICHHORST (Dr Hermann). Traité de diagnostic médical. 2e édition française annotée par MM. Marfan et Bernard. *Paris, Steinheil*, 1901. Gr. in-8, broché. *Trois exemplaires.*

Nous ne possédons que la partie de cet ouvrage parue en 1901, soit les pages 1 à 816. La fin de l'ouvrage est distribuée chez l'éditeur.

57. EICHHORST (Dr Hermann). Traité de pathologie interne et de thérapeutique, etc. *Paris, Steinheil*, 1889. En 4 vol. in-8, brochés. Nombreuses gravures.

58. FAUVELLE (Dr René). Les Etudiants en médecine de Paris sous le grand Roi. Thèse pour le doctorat. *Paris, Steinheil*, 1899. In-8, broché (*14 exemplaires.*)

59. GILS (F.). Le médecin militaire. *Paris, Maloine*, 1896. In-12, broché, non coupé (*3 exemplaires*).

60. LE FUR (Dr René). Des ulcérations vésicales et en particulier de l'ulcère simple de la vessie. *Paris, Steinheil*, 1901. Gros vol. in-8, broché, non coupé. *Nombreuses planches. (3 exemplaires)*.

61. LIEBERMESTER (C.) Leçons de pathologie interne et de thérapeutique (maladies infectieuses), trad. par le Dr Guiraud. *Paris, Steinheil*. In-8, broché (3 exempl.).

62. LOT de 5 vol. in-8, brochés, R. BONEVAL. Nouveau guide pratique de technique microscopique appliquée à l'histologie et à l'embryogénie. Avec 21 figures. — *Mauclaire*. Des différentes formes d'ostéo-arthrites tuberculeuses, de leur traitement, etc. Figures. — *Dr Ed. Long*. Les voies centrales de la sensibilité générale. Figures. — *Dr Maurice Raynaud*. Le sanatorium d'Argelès. Figures. — *Dr O. Israël*. Traité pratique d'Histologie pathologique. Avec 135 figures et 7 planches coloriées. *Paris, Maloine, Steinheil*, 1890-1901.

63. LOT très important de thèses médicales et d'ouvrages sur la médecine et la Chirurgie, (PLUSIEURS MILLIERS) imprimés par A. Lemâle, de 1880 à 1902.

64. OLLIVIER (Dr Aug.). Etudes d'hygiène publique. *Paris, Steinheil*, 1888-91. En 3 vol. in-8, brochés. (2 *exemplaires*).

65. PRENANT (Dr A.). Eléments d'embryologie de l'homme et des vertébrés. Livre Ier, Embryogénie, 229 figures et 4 pl. en couleurs. — Livre IIe, organogénie, 381 figures. *Paris, Steinheil*, 1891-96. En 2 vol. in-8, brochés.

3 exempl. du tome I (dans lequel les 4 pl. coloriées manquent).
2 exempl. du tome II.

66. QUEIREL (Dr). Leçons de clinique obstétricale. *Paris, Steinheil,* 1902. In-8, broché.

67. REVUE MENSUELLE des Maladies de l'enfance. Années 1887 à 1891, 1993 à 1895, 1898 à 1900. *Paris, Steinheil.* En numéros brochés.

Les années 1889, 90, 91, 93, 94 sont en double, — l'année 1900 en triple et l'année 1894 en quadruple exempl.
On a joint un grand nombre de numéros dépareillés des années 1885 à 1901.

68. REVUE MENSUELLE de Stomatologie. Années 1894 à 1898. *Paris, Steinheil.* En numéros brochés.

Toutes ces années sont en double et l'année 1897 en triple ex. Petit nombre de numéros dépareillés joints.

69. REVUE NEUROLOGIQUE, annales spéciales, etc. Années 1894 à 1900. *Paris, Masson,* 1894-1900. En numéros brochés.

Les années 1894, 97, 98 sont en double et l'année 1895 en triple exemplaires.
On a joint un grand nombre de numéros dépareillés des années 1892 à 1901.

70. REVUE PRATIQUE d'obstétrique et de pædiatrie. Années 1892, 93, 95, 96, 98 à 1900. *Paris, Steinheil.* En numéros brochés.

Les années 1892, 95, 96 et 1900 sont en double et l'année 1898 en triple exempl.
On a joint un grand nombre de numéros dépareillés.

71. REVUE D'ORTHOPÉDIE. Années 1892 à 1898 et 1900, 1901. *Paris, Masson.* En numéros brochés.

Les années 1892, 93, 95, 97 sont en double et les années 1894, 96, 98 sont en triple exempl.
On a joint un bon nombre de numéros dépareillés des années 1891 à 1901.

72. REVUE DE LA TUBERCULOSE. Années 1893 à 1899. *Paris, Masson.* En numéros brochés.

Les années 1895, 96, 98, 99 sont en double exempl.
On a joint un bon nombre de numéros dépareillés des années 1893 à 1900.

73. ROCHET (V.). Chirurgie du Rein et de l'Uretère. (Indications. — Manuel opératoire). *Paris, Steinheil*, 1900. In-8, broché (*3 exempl.*).

74. ROGER (Dr Jules). Les Médecins Normands du 12e au 19e siècles. Biographie et bibliographie. *Paris, Steinheil*, 1890-95. En 2 vol. in-8 brochés. *Portraits et sceaux.*

6 ex. du tome I (Seine-Inférieure).
3 ex. du tome II (Calvados. Manche, Orne et Eure).

75. ROGER (Dr Jules). Médecins, Chirurgiens et Barbiers. *Paris, Steinheil*, 1894. In-8, broché. (*14 exemp.*).

76. SEMELAIGNE (Dr René). Les grands aliénistes français. *Paris, Steinheil*, 1894. In-8, broché (2 *exempl.*).

77. SIEBOLD (E. G. J. de). Essai d'une histoire de l'Obstétricie, trad. par F. J. Herrgott. *Paris, Steinheil*, 1891. En 3 vol. in-8, brochés.

78. VIGNES (L.). Technique de l'exploration oculaire. Introd. à l'étude de l'ophtalmologie. *Paris, Maloine*, 1896. In-8, broché. *Figures*. (2 *exemplaires*).

JURISPRUDENCE

79. ACCARIAS (C.). Précis de droit romain, contenant, etc. *Paris, Pichon*, 1886-91. En 2 vol. in-8, brochés. (3 *exemplaires*).

80. AUTRAN (F. C.). Code international de l'abordage maritime. Législation, doctrine, jurisprudence. *Paris, Chevalier-Marescq*, 1890. In-8, broché (4 *exemplaires*).

81. BÉDARRIDE et RIVIÈRE. Traité du Dol et de la Fraude en matière civile et commerciale. 4e édition (dernière parue). *Paris, Chevalier-Marescq*, 1887. 4 vol. in-8, brochés. (2 *exemplaires*).

82. BERTHEAU (Ch.). Essai sur les lois de la population. *Paris, Chevalier-Marescq*, 1892. In-8, br. (2 *exempl.*).

83. BESSON (Emm.). La législation civile de l'Algérie. Etude, etc. *Paris, Chevalier-Marescq*, 1894. In-8, broché (2 *exemplaires*).

84. BOULEN (Ch.). Le droit de chasse et la propriété du gibier en France, depuis l'origine de la monarchie jusqu'à nos jours. *Paris, Chevalier-Marescq*. 1887. In-8, broché, non-coupé. (3 *exemplaires*).

85. CAUMONT (Aldrick). Législation, doctrine et jurisprudence sur l'abordage maritime. *Paris*, 1864. In-8, broche (6 *exemplaires*).

86. GAUVIN (Paul). Assurances contre l'incendie. Manuel de l'Inspecteur. *Paris*, 1898. En 2 vol. in-8, broché. (2 *ex*. du tome I et 1 *ex*. du tome II).

87. LEROY (P.) et J. DRIOUX. Des animaux domestiques et de l'exercice de la médecine vétérinaire. *Paris*, *Chevalier-Marescq*, 1887. In-8, broché, non coupé (2 *exemplaires*).

88. LIOY (Diodato). La philosophie du Droit, trad. par L. Durand. *Paris*, *Chevalier-Marescq*, 1887. In-8, br.

89. LOT DE 3 VOLUMES BROCHÉS. Duguit et Monnier. Les constitutions et les principales lois politiques de la France depuis 1789. *Paris, Pichon*, 1898. In-12. — Léon Adam. Revue critique de Législation et de Jurisprudence. Tables, 1882-1899. *Paris, Pichon*, 1900. In-8 (2 *exemplaires*).

90. LYON-CAEN et L. RENAULT. Manuel de Droit commercial. *Paris, Pichon*, 1901. In-8 broché, non coupé. (3 *exemplaires* de la 6e et dernière édition).

91. LYON-CAEN et RENAULT. Traité de droit commercial. Tome I, 1898 (2 *ex*.). *Paris Pichon*. En vol. in-8, brochés.

92. PIÉDELIÈVRE (R.) Précis de droit international public ou droit des gens. Tome II, des litiges internationaux et de leurs solutions. *Paris, Pichon*, 1895. In-8, broché. (2 *ex*. *du tome II*).

93. PLANIOL (M.). Traité élémentaire de droit civil. *Paris, Pichon*, 1900-1901. 4 vol. in-8, brochés.

2 **Exemplaires** des tomes 1 et 2. Le tome I est de la deuxième édition.

94. PLANIOL (Marcel). Traité élémentaire de droit civil. Tome II. *Paris, Pichon*, 1900. In-8, broché.

95. POINSARD (Léon). Etudes de droit international. conventionnel *Paris, Pichon*, 1894. In-8, broché (2 *exemplaires*).

96. REVUE INTERNATIONALE DU DROIT MARITIME, fondée par Autran. De la 3e année (1887), à la 16e année (1901). *Paris, Chevalier-Marescq*, 1887-1901. Toutes ces années en vol. in-8 ou en nos brochés.

Les Années 3, 4, 5, 6, 7, 9, 10, 13 sont en double exempl.
Les Années 12, 14, 15 16 en triple exempl.
L'année 11e, en quadruple ex.
L'année 8e, en quintuple ex.
On a joint un grand nombre de numéros dépareillés des années 1895 à 1901.

97. SIMONET (J.-B.) Traité élémentaire de droit public et administratif. 4e édition (et dernière parue). *Paris, Pichon*, 1902. In-8, broché, non coupé. (5 *exemplaires*).

www.ingramcontent.com/pod-product-compliance
Ingram Content Group UK Ltd.
Pitfield, Milton Keynes, MK11 3LW, UK
UKHW020524180726
13839UKWH00005B/2288

9 782329 534008